We hope that you enjoy working through this book. You may find some pages quite easy and some quite hard but you are allowed to use counters or your fingers to help you. After lots of practice you won't need to use these as much because your memory will get better all the time.

Quick Additions

1. 6 + 5 =
2. 3 + 9 =
3. 5 + 2 =
4. 7 + 4 =
5. 4 + 3 =
6. 6 + 2 =
7. 8 + 6 =
8. 5 + 9 =
9. 7 + 7 =
10. 1 + 8 =
11. 4 + 6 =
12. 9 + 7 =
13. 6 + 0 =
14. 8 + 8 =
15. 8 + 5 =

Quick Subtractions

1. 6 − 2 =
2. 8 − 3 =
3. 9 − 5 =
4. 7 − 2 =
5. 5 − 4 =
6. 6 − 3 =
7. 8 − 5 =
8. 4 − 4 =
9. 9 − 6 =
10. 9 − 4 =
11. 8 − 4 =
12. 5 − 3 =
13. 7 − 3 =
14. 8 − 2 =
15. 9 − 3 =

Spending Money

1. I have 30p and I spend 20p. How much have I got left?
2. I have 20p and I spend 8p. How much have I got left?
3. I have 40p and I spend 20p. How much have I got left?
4. I have 50p and I spend 30p. How much have I got left?
5. I have 40p and I spend 32p. How much have I got left?
6. I have 30p and I spend 21p. How much have I got left?
7. I have 70p and I spend 20p. How much have I got left?
8. I have 30p and I spend 15p. How much have I got left?
9. I have 40p and I spend 25p. How much have I got left?
10. I have 20p and I spend 12p. How much have I got left?

What time is it?

Write the times shown on these clocks in two different ways.
Two clocks have been done for you.

1.

half past one

1.30

2.

3.

4.

quarter to two

1.45

5.

6.

7.

8.

9.

Quick Additions

1. 7 + 3 =
2. 8 + 3 =
3. 9 + 3 =
4. 7 + 6 =
5. 8 + 6 =
6. 9 + 6 =
7. 9 + 5 =
8. 9 + 4 =
9. 9 + 7 =
10. 9 + 8 =
11. 9 + 9 =
12. 5 + 8 =
13. 6 + 8 =
14. 7 + 8 =
15. 8 + 8 =

Quick Subtractions

1. 20 − 1 =
2. 20 − 2 =
3. 20 − 3 =
4. 20 − 4 =
5. 19 − 1 =
6. 19 − 2 =
7. 19 − 3 =
8. 19 − 4 =
9. 20 − 9 =
10. 20 − 8 =
11. 20 − 7 =
12. 20 − 6 =
13. 20 − 5 =
14. 19 − 5 =
15. 19 − 6 =

Spending Money

1. I have £1 and I spend 20p. How much have I got left?
2. I have £1 and I spend 80p. How much have I got left?
3. I have £1 and I spend 50p. How much have I got left?
4. I have £1 and I spend 60p. How much have I got left?
5. I have £1 and I spend 70p. How much have I got left?
6. I have £1 and I spend 95p. How much have I got left?
7. I have £1 and I spend 10p. How much have I got left?
8. I have £1 and I spend 30p. How much have I got left?
9. I have £1 and I spend 40p. How much have I got left?
10. I have £1 and I spend 99p. How much have I got left?

Sequences of numbers

Look at this example of a number sequence:

| 6 | 8 | 10 | 12 | 14 | 16 | 18 | 20 | | |

You can see that each number is 2 more than the one in front ...
... so the missing numbers are 22 and 24.

Write the next two numbers in each of the sequences below.

a	5	7	9	11	13	15	17	19		
b	7	10	13	16	19	22	25	28		
c	2	6	10	14	18	22	26	30		
d	3	5	7	9	11	13	15	17		
e	5	10	15	20	25	30	35	40		
f	6	9	12	15	18	21	24	27		
g	20	18	16	14	12	10	8	6		
h	29	26	23	20	17	14	11	8		
i	33	30	27	24	21	18	15	12		

Quick Additions

1. 7 + 9 =
2. 8 + 4 =
3. 5 + 6 =
4. 3 + 9 =
5. 8 + 5 =
6. 9 + 4 =
7. 5 + 8 =
8. 4 + 9 =
9. 9 + 7 =
10. 6 + 6 =
11. 9 + 8 =
12. 7 + 8 =
13. 8 + 8 =
14. 7 + 5 =
15. 9 + 6 =

Quick Subtractions

1. 12 − 3 =
2. 14 − 5 =
3. 17 − 8 =
4. 16 − 9 =
5. 13 − 5 =
6. 15 − 7 =
7. 11 − 9 =
8. 18 − 9 =
9. 17 − 6 =
10. 14 − 9 =
11. 16 − 7 =
12. 12 − 4 =
13. 19 − 8 =
14. 18 − 5 =
15. 16 − 8 =

Spending Money

1. Some rubbers are 30p each. How much do two rubbers cost?
2. If I buy the two rubbers, what change would I have from £1?
3. Stickers are 12p each. How much are two stickers?
4. If I buy the two stickers, what change would I have from 30p?
5. How much do I pay for two apples if they are 20p each?
6. I have got 48p. How much money will I have left if I buy two apples?
7. If one pencil costs 25p, how much would two pencils cost?
8. How much would three of these pencils cost?
9. If pocket size chocolate bars are 50p each, how much would two cost?
10. How much would three of these bars cost?

Words and numbers

Match the words to the numbers. The first one is done for you.

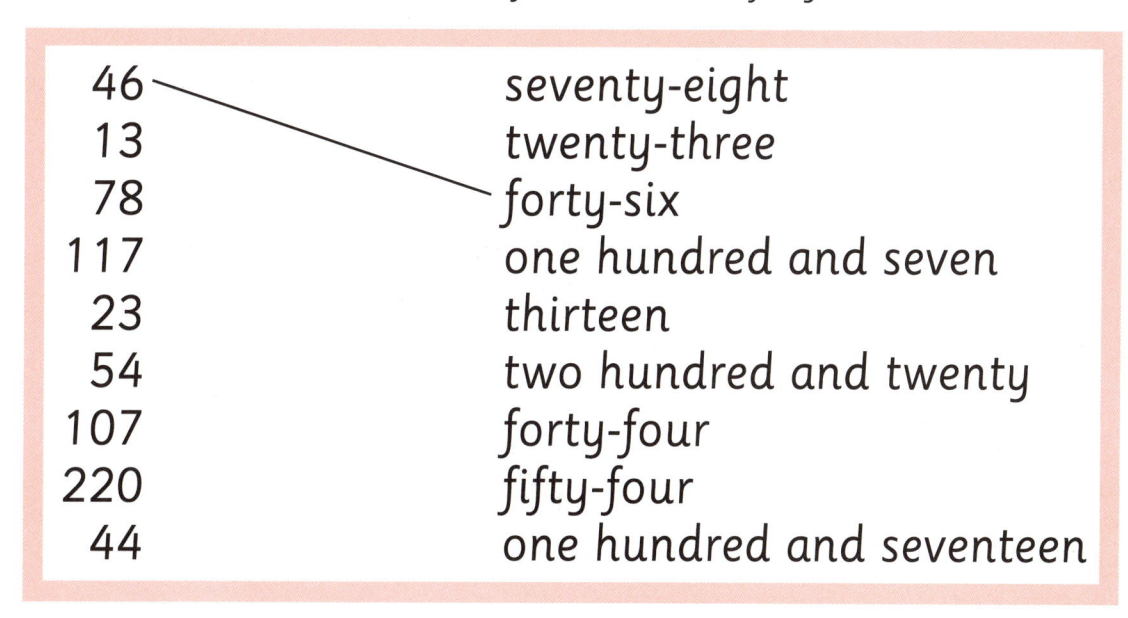

46	seventy-eight
13	twenty-three
78	forty-six
117	one hundred and seven
23	thirteen
54	two hundred and twenty
107	forty-four
220	fifty-four
44	one hundred and seventeen

Write the words for the numbers. The first one is done for you.

a. 63 — sixty-three
b. 48
c. 21
d. 53
e. 39
f. 82
g. 94
h. 75
i. 114

Making 6

Fill in the missing numbers to make a total of 6.

1. 3 + ☐ = 6
2. 5 + ☐ = 6
3. 2 + ☐ = 6
4. 1 + ☐ = 6
5. 4 + ☐ = 6

Making 7

Fill in the missing numbers to make a total of 7.

6. 2 + ☐ = 7
7. 6 + ☐ = 7
8. 3 + ☐ = 7
9. 1 + ☐ = 7
10. 5 + ☐ = 7
11. 4 + ☐ = 7
12. 0 + ☐ = 7

Making 8

Fill in the missing numbers to make a total of 8.

13. 7 + ☐ = 8
14. 3 + ☐ = 8
15. 6 + ☐ = 8
16. 4 + ☐ = 8
17. 5 + ☐ = 8
18. 2 + ☐ = 8
19. 1 + ☐ = 8

Beat the clock!

Work as fast as you can.

A

Try to do all these questions in less than 2 minutes.

1. 5 + 7 =
2. 8 + 4 =
3. 13 + 8 =
4. 14 + 9 =
5. 17 + 5 =
6. 19 + 3 =
7. 19 + 9 =
8. 17 + 7 =
9. 18 + 8 =
10. 15 + 5 =
11. 27 + 7 =
12. 29 + 9 =
13. 8 + 3 =
14. 5 + 9 =
15. 35 + 5 =

B

Try to do all these questions in less than 3 minutes.

1. 20 − 3 =
2. 20 − 7 =
3. 20 − 16 =
4. 17 − 15 =
5. 13 − 6 =
6. 18 − 7 =
7. 20 − 4 =
8. 17 − 3 =
9. 9 − 2 =
10. 30 − 6 =
11. 40 − 8 =
12. 30 − 9 =
13. 40 − 3 =
14. 40 − 13 =
15. 50 − 25 =

Sequences of numbers

a This sequence goes up in twos. Fill in the missing numbers.

| 2 | 4 | 6 | | 10 | 12 | 14 | | 18 | 20 |

b This sequence goes up in threes. Fill in the missing numbers.

| 3 | 6 | | 12 | 15 | 18 | | 24 | 27 | |

c This sequence goes up in fours. Fill in the missing numbers.

| 4 | | 12 | 16 | | 24 | | 32 | 36 | 40 |

d This sequence goes up in fives. Fill in the missing numbers.

| 5 | 10 | 15 | 20 | | 30 | 35 | 40 | 45 | |

e This sequence goes up in sixes. Fill in the missing numbers.

| 6 | 12 | | 24 | 30 | 36 | 42 | | 54 | 60 |

f This sequence goes up in sevens. Fill in the missing numbers.

| 7 | | 21 | 28 | 35 | | 49 | 56 | | 70 |

g This sequence goes up in eights. Fill in the missing numbers.

| 8 | 16 | | 32 | | 48 | 56 | | | 80 |

h This sequence goes up in nines. Fill in the missing numbers.

| 9 | 18 | 27 | 36 | 45 | | 63 | 72 | 81 | |

i This sequence goes up in tens. Fill in the missing numbers.

| 10 | | 30 | | 50 | | 70 | | 90 | |

Making 9

Fill in the missing numbers to make a total of 9.

1. 5 + ☐ = 9
2. 3 + ☐ = 9
3. 9 + ☐ = 9
4. 4 + ☐ = 9
5. 6 + ☐ = 9
6. 2 + ☐ = 9
7. 8 + ☐ = 9
8. 1 + ☐ = 9
9. 7 + ☐ = 9

Making 10

10. 6 + ☐ = 10
11. 1 + ☐ = 10
12. 3 + ☐ = 10
13. 4 + ☐ = 10
14. 5 + ☐ = 10
15. 9 + ☐ = 10
16. 8 + ☐ = 10
17. 7 + ☐ = 10
18. 2 + ☐ = 10
19. 0 + ☐ = 10

Spending Money

1. I have 50p and I spend 20p. How much have I got left? ☐
2. I have 50p and I spend 30p. How much have I got left? ☐
3. I have 50p and I spend 40p. How much have I got left? ☐
4. I have 50p and I spend 10p. How much have I got left? ☐
5. I have 50p and I spend 45p. How much have I got left? ☐
6. I have 50p and I spend 25p. How much have I got left? ☐
7. I have 50p and I spend 5p. How much have I got left? ☐
8. I have 50p and I spend 35p. How much have I got left? ☐
9. I have 50p and I spend 15p. How much have I got left? ☐
10. I have 50p and I spend 47p. How much have I got left? ☐

Doubling

Look at these examples:

$2 + 2 = 4$ We say that ... double $2 = 4$

$30 + 30 = 60$ ⟶ double $30 = 60$

Work out the answers to these doubles:

a. double 3 =

b. double 8 =

c. double 7 =

d. double 5 =

e. double 9 =

f. double 4 =

g. double 6 =

h. double 10 =

i. double 20 =

j. double 40 =

k. double 50 =

l. double 11 =

m. double 12 =

n. double 15 =

Making 11

1. 6 + ☐ = 11
2. 2 + ☐ = 11
3. 8 + ☐ = 11
4. 9 + ☐ = 11
5. 5 + ☐ = 11
6. 7 + ☐ = 11
7. 3 + ☐ = 11
8. 4 + ☐ = 11
9. 1 + ☐ = 11

Making 12

10. 3 + ☐ = 12
11. 5 + ☐ = 12
12. 8 + ☐ = 12
13. 0 + ☐ = 12
14. 2 + ☐ = 12
15. 4 + ☐ = 12
16. 7 + ☐ = 12
17. 9 + ☐ = 12
18. 6 + ☐ = 12

How old are you?

1. Gavin is 6 years old. His sister is 3 years older than him. How old is she? ☐

2. Lizzie is 10 years old. Her brother is 7 years younger. How old is he? ☐

3. Mum is 32 and Tarun is 10. How old was Mum when Tarun was born? ☐

4. Lucy is 8 years old. How old will she be in five years time? ☐

5. Joel is 9 years old and Alex is 4 years older. How old is Alex? ☐

6. Tom is 6 years old and Wayne is double his age. How old is Wayne? ☐

7. Helen is 7 years old. Sally is twice her age. How old is Sally? ☐

8. Sam is 20. Emily is half his age. How old is Emily? ☐

9. Rebecca is 2 years old. Ben is four times as old as her. How old is he? ☐

10. Kate is 7 years older than Alison who is 9. How old is Kate? ☐

Halving

Look at these examples:

double 2 = 4   so ...   half of 4 = 2

double 30 = 60 ⟶ half of 60 = 30

Work out these halves:

a. half of 6 =
b. half of 8 =
c. half of 12 =
d. half of 2 =
e. half of 10 =
f. half of 14 =
g. half of 20 =
h. half of 40 =
i. half of 18 =
j. half of 60 =
k. half of 16 =
l. half of 22 =
m. half of 80 =
n. half of 100 =

Making 13, 14 & 15

1. 6 + ☐ = 13
2. 9 + ☐ = 13
3. 8 + ☐ = 13
4. 12 + ☐ = 13
5. 10 + ☐ = 13
6. 11 + ☐ = 13

7. 9 + ☐ = 14
8. 10 + ☐ = 14
9. 6 + ☐ = 14
10. 12 + ☐ = 14
11. 7 + ☐ = 14
12. 11 + ☐ = 14

13. 8 + ☐ = 15
14. 12 + ☐ = 15
15. 9 + ☐ = 15
16. 5 + ☐ = 15
17. 13 + ☐ = 15
18. 11 + ☐ = 15

How many ...

1. ... hours are there in one day? ☐
2. ... hours are there in two days? ☐
3. ... hours are there in half a day? ☐
4. ... days are there in one week? ☐
5. ... days are there in two weeks? ☐
6. ... days are there in four weeks? ☐
7. ... days are there in ten weeks? ☐
8. ... months are there in one year? ☐
9. ... months are there in two years? ☐
10. ... months are there in three years? ☐
11. ... months are there in half a year? ☐
12. ... years are there in a decade? ☐
13. ... years are there in a century? ☐
14. ... years are there in a millennium? ☐

Months of the Year

January has 31 days

February has 28 days in most years but 29 in a leap year

March has 31 days

April has 30 days

May has 31 days

June has 30 days

July has 31 days

August has 31 days

September has 30 days

October has 31 days

November has 30 days

December has 31 days

There are 52 weeks in a year.

There are usually 365 days in a year but in a leap year there are 366 days.

Use this information about the months to help you to answer these questions:

a How many months are before June?

b Which is the third month of the year?

c Which is the tenth month?

d Which is the sixth month?

e Which months have 31 days?

f Which months have 30 days?

g How many days does the eighth month have?

h How many days does the fourth month have?

i How many days in the eleventh month?

j How many weeks are there in 2 years?

Making 20

1. 6 + ☐ = 20
2. 17 + ☐ = 20
3. 8 + ☐ = 20
4. 16 + ☐ = 20
5. 14 + ☐ = 20
6. 5 + ☐ = 20
7. 4 + ☐ = 20
8. 1 + ☐ = 20
9. 18 + ☐ = 20
10. 11 + ☐ = 20
11. 3 + ☐ = 20
12. 12 + ☐ = 20
13. 15 + ☐ = 20
14. 19 + ☐ = 20
15. 10 + ☐ = 20
16. 2 + ☐ = 20
17. 7 + ☐ = 20
18. 9 + ☐ = 20
19. 13 + ☐ = 20

Months again

1. What is the first month of the year?
2. What is the eighth month?
3. Name the eleventh month.
4. Name the sixth month.
5. Which month comes between April and June?
6. Which month is two months after September?
7. Which month comes two months before April?
8. Which month is six months after April?
9. Which month is two months after November?
10. Which month is four months before March?
11. How many days are there in June?

Removable Answer Section

Page 2 **Quick Additions:**
1 11 **2** 12 **3** 7 **4** 11 **5** 7 **6** 8 **7** 14 **8** 14 **9** 14 **10** 9 **11** 10 **12** 16 **13** 6 **14** 16 **15** 13

Quick Subtractions:
1 4 **2** 5 **3** 4 **4** 5 **5** 1 **6** 3 **7** 3 **8** 0 **9** 3 **10** 5 **11** 4 **12** 2 **13** 4 **14** 6 **15** 6

Spending Money:
1 10p **2** 12p **3** 20p **4** 20p **5** 8p **6** 9p **7** 50p **8** 15p **9** 15p **10** 8p

Page 3 **What time is it?**
2 eight o'clock   8.00
3 half past eleven   11.30
4 quarter to two   1.45
5 five o'clock   5.00
6 quarter to four   3.45
7 half past nine   9.30
8 quarter past eleven   11.15
9 twelve o'clock   12.00

Page 4 **Quick Additions:**
1 10 **2** 11 **3** 12 **4** 13 **5** 14 **6** 15 **7** 14 **8** 13 **9** 16 **10** 17 **11** 18 **12** 13 **13** 14 **14** 15 **15** 16

Quick Subtractions:
1 19 **2** 18 **3** 17 **4** 16 **5** 18 **6** 17 **7** 16 **8** 15 **9** 11 **10** 12 **11** 13 **12** 14 **13** 15 **14** 14 **15** 13

Spending Money:
1 80p **2** 20p **3** 50p **4** 40p **5** 30p **6** 5p **7** 90p **8** 70p **9** 60p **10** 1p

Page 5 **Sequences of numbers:**
a 21 23 **b** 31 34 **c** 34 38 **d** 19 21 **e** 45 50 **f** 30 33 **g** 4 2 **h** 5 2 **i** 9 6

Page 6 **Quick Additions:**
1 16 **2** 12 **3** 11 **4** 12 **5** 13 **6** 13 **7** 13 **8** 13 **9** 16 **10** 12 **11** 17 **12** 15 **13** 16 **14** 12 **15** 15

Quick Subtractions:
1 9 **2** 9 **3** 9 **4** 7 **5** 8 **6** 8 **7** 2 **8** 9 **9** 11 **10** 5 **11** 9 **12** 8 **13** 11 **14** 13 **15** 8

Spending Money:
1 60p **2** 40p **3** 24p **4** 6p **5** 40p **6** 8p **7** 50p **8** 75p **9** £1 **10** £1.50

Page 7 **Words and numbers**

46 — forty-six
13 — thirteen
78 — seventy-eight
117 — one hundred and seventeen
23 — twenty-three
54 — fifty-four
107 — one hundred and seven
220 — two hundred and twenty
44 — forty-four

b forty-eight
c twenty-one
d fifty-three
e thirty-nine
f eighty-two
g ninety-four
h seventy-five
i one hundred and fourteen

Page 8   **Making 6, Making 7 and Making 8:**
1 3   **2** 1   **3** 4   **4** 5   **5** 2   **6** 5   **7** 1   **8** 4   **9** 6   **10** 2   **11** 3   **12** 7   **13** 1   **14** 5   **15** 2   **16** 4   **17** 3   **18** 6   **19** 7

Beat the clock:

A   **1** 12   **2** 12   **3** 21   **4** 23   **5** 22   **6** 22   **7** 28   **8** 24   **9** 26   **10** 20   **11** 34   **12** 38   **13** 11   **14** 14   **15** 40

B   **1** 17   **2** 13   **3** 4   **4** 2   **5** 7   **6** 11   **7** 16   **8** 14   **9** 7   **10** 24   **11** 32   **12** 21   **13** 37   **14** 27   **15** 25

Page 9   **Sequences of numbers:**
a 8   16   **b** 9   21   30   **c** 8   20   28   **d** 25   50   **e** 18   48   **f** 14   42   63
g 24   40   64   72   **h** 54   90   **i** 20   40   60   80   100

Page 10   **Making 9 and Making 10:**
1 4   **2** 6   **3** 0   **4** 5   **5** 3   **6** 7   **7** 1   **8** 8   **9** 2   **10** 4   **11** 9   **12** 7   **13** 6   **14** 5   **15** 1   **16** 2   **17** 3   **18** 8   **19** 10

Spending Money:
1 30p   **2** 20p   **3** 10p   **4** 40p   **5** 5p   **6** 25p   **7** 45p   **8** 15p   **9** 35p   **10** 3p

Page 11   **Doubling:**
a 6   **b** 16   **c** 14   **d** 10   **e** 18   **f** 8   **g** 12   **h** 20   **i** 40   **j** 80   **k** 100   **l** 22   **m** 24   **n** 30

Page 12   **Making 11 and Making 12:**
1 5   **2** 9   **3** 3   **4** 2   **5** 6   **6** 4   **7** 8   **8** 7   **9** 10   **10** 9   **11** 7   **12** 4   **13** 12   **14** 10   **15** 8   **16** 5   **17** 3   **18** 6

How old are you?
1 9   **2** 3   **3** 22   **4** 13   **5** 13   **6** 12   **7** 14   **8** 10   **9** 8   **10** 16

Page 13   **Halving:**
a 3   **b** 4   **c** 6   **d** 1   **e** 5   **f** 7   **g** 10   **h** 20   **i** 9   **j** 30   **k** 8   **l** 11   **m** 40   **n** 50

Page 14   **Making 13, 14 & 15:**
1 7   **2** 4   **3** 5   **4** 1   **5** 3   **6** 2   **7** 5   **8** 4   **9** 8   **10** 2   **11** 7   **12** 3   **13** 7   **14** 3   **15** 6   **16** 10   **17** 2   **18** 4

How much time?
1 24   **2** 48   **3** 12   **4** 7   **5** 14   **6** 28   **7** 70   **8** 12   **9** 24   **10** 36   **11** 6   **12** 10   **13** 100   **14** 1000

Page 15   **Months of the Year:**
a 12   **b** March   **c** October   **d** June
e January, March, May, July, August, October, December
f April, June, September, November
g 31   **h** 30   **i** 30   **j** 104

Page 16   **Making 20:**
1 14   **2** 3   **3** 12   **4** 4   **5** 6   **6** 15   **7** 16   **8** 19   **9** 2   **10** 9   **11** 17   **12** 8   **13** 5   **14** 1   **15** 10   **16** 18   **17** 13   **18** 11   **19** 7

Months again
1 January   **2** August   **3** November   **4** June   **5** May
6 November   **7** February   **8** October   **9** January   **10** November
11 30

Page 17 **Calendar:**
  a 4   **b** 5   **c** 20th July   **d** 11th July   **e** 22nd July   **f** 5
  g 16   **h** Sunday   **i** Thursday

Page 18 **Quick Additions:**
  1 50 **2** 60 **3** 90 **4** 80 **5** 80 **6** 90 **7** 100 **8** 90 **9** 80 **10** 30 **11** 35 **12** 40 **13** 45 **14** 50 **15** 75

  Quick Subtractions:
  1 40 **2** 50 **3** 30 **4** 30 **5** 10 **6** 30 **7** 40 **8** 20 **9** 20 **10** 50 **11** 20 **12** 15 **13** 25 **14** 35 **15** 45

  Mixed Maths:
  1 21 **2** 5 **3** 9 **4** 20 **5** 3p **6** 12 **7** 6 **8** 7 **9** 100 **10** 25

Page 19 **Number balances:**
  a 2   **b** 2   **c** 2   **d** 2   **e** 1   **f** 5   **g** 5
  h 1   **i** 1   **j** 9   **k** 3   **l** 2   **m** 6   **n** 0
  o 5   **p** 4   **q** 6   **r** 1

Page 20 **Quick Additions:**
  1 20 **2** 15 **3** 20 **4** 15 **5** 19 **6** 20 **7** 20 **8** 20 **9** 17 **10** 27 **11** 15 **12** 9 **13** 18 **14** 21 **15** 24

  Which number?
  1 69 **2** 78 **3** 49 **4** 43 **5** 51 **6** 42 **7** 20 **8** 52 **9** 25 **10** 30

Page 21 **Multiplication tables**
  a 4 8 14 16 20   **b** 3 9 15 18 24   **c** 0 4 12 20 28 36
  d 5 15 20 30 40 45   **e** 0 6 18 30 48 60   **f** 14 28 49 63 70

Page 22 **Quick Numbers:**
  1 7 **2** 8 **3** 10 **4** 3 **5** 5 **6** 10 **7** 9 **8** 6 **9** 9 **10** 7 **11** 8 **12** 7 **13** 9 **14** 15 **15** 11

  Number puzzles:
  1 5 **2** 13 **3** 45p **4** 20p, 5p, 2p, 1p   **5** 50, 47 **6** 60p **7** 90p **8** 10p

Page 23 **a** 0 16 32 40 64 80   **b** 9 27 45 72 90   **c** 20 40 50 70 90
  d
  x 4 3 5 2 10
  5 20 15 25 10 50
  7 28 21 35 14 70
  9 36 27 45 18 90
  6 24 18 30 12 60
  4 16 12 20 8 40

  e
  x 2 5 4 10 3
  3 6 15 12 30 9
  8 16 40 32 80 24
  2 4 10 8 20 6
  6 12 30 24 60 18
  9 18 45 36 90 27

Page 24 **Quick Numbers:**
  1 3 **2** 6 **3** 5 **4** 10 **5** 15 **6** 1 **7** 7 **8** 20 **9** 9 **10** 2 **11** 25 **12** 8 **13** 12 **14** 11 **15** 50

  What time will it be? **1** four o'clock   **2** eleven o'clock   **3** half past four
  4 one o'clock   **5** half past six   **6** twelve o'clock

Page 25
    a 0 2 4 6 8 10 12 14 16 18 20   **b** 8 4 6 5 3 2 10 7 1 9
    c 0 3 6 9 12 15 18 21 24 27 30   **d** 3 6 9 4 2 8 5 1 7 10
    e 0 4 8 12 16 20 24 28 32 36 40   **f** 10 6 1 4 7 3 8 5 2 9

Page 26   **Quick Numbers:**
    1 30 **2** 50 **3** 8 **4** 40 **5** 28 **6** 70 **7** 51 **8** 89 **9** 62 **10** 13 **11** 3 **12** 27 **13** 40 **14** 50 **15** 60
  Alphabet numbers:
    1 26 **2** e **3** p **4** m and n **5** 8 **6** 17 **7** i **8** 7th **9** 20th **10** 25th

Page 27
    a 0 5 10 15 20 25 30 35 40 45 50   **b** 9 4 1 10 3 5 8 2 7 6
    c 0 10 20 30 40 50 60 70 80 90 100   **d** 4 8 3 10 7 9 1 5 2 6
    e 50 **f** 80 **g** 470 **h** 860 **i** 200 **j** 630 **k** 990 **l** 500 **m** 1000

Page 28   **Quick Additions:**
    1 9 **2** 3 **3** 6 **4** 1 **5** 8 **6** 4 **7** 7 **8** 5 **9** 2 **10** 10 **11** 15 **12** 18 **13** 12 **14** 13 **15** 16
  Measurements:
    1 200 cm **2** 400 cm **3** 50cm **4** 150cm **5** 350 cm **6** 60cm **7** 40cm

Page 29   **Number lines:**
    a 5 8 12   **b** 9 12 16 18   **c** 37 41 46 51   **d** 92 96 100 101
    e 17 11 6   **f** 8 16 20 28   **g** $2\frac{1}{2}$ 4 $6\frac{1}{2}$

Page 30   **Quick Multiplications:**
    1 15 **2** 8 **3** 12 **4** 0 **5** 25 **6** 16 **7** 12 **8** 28 **9** 45 **10** 9 **11** 12 **12** 35 **13** 24 **14** 24 **15** 30
  Quick Divisions:
    1 3 **2** 7 **3** 4 **4** 3 **5** 6 **6** 6 **7** 10 **8** 3 **9** 4 **10** 4 **11** 5 **12** 7 **13** 10 **14** 5 **15** 25
  Which coins?
    a 20p 5p **b** 20p 2p 2p 1p or 5p 5p 5p 10p **c** 10p 10p 5p
    d 10p 5p 2p **e** 10p 5p 1p 1p or 5p 5p 5p 2p **f** 5p 5p 5p 1p 1p or 10p 2p 2p 2p 1p

Page 31   **Numbers in order:**
    a 7 19 23 30 37 48 51   **b** 7 14 21 28 35 42 49
    c 0 59 64 73 83 88 91   **d** 14 39 65 68 74 97 99
    e 116 121 125 138 140 149   **f** 183 318 381 401 537 699
    g 162 216 347 437 612 734   **h** 289 298 829 892 928 982
    i 367 376 637 673 736 763   **j** 11 $14\frac{1}{2}$ $28\frac{1}{2}$ 31 $38\frac{1}{2}$ 62

Page 32   **Beat the clock:**
  A **1** 13 **2** 13 **3** 20 **4** 17 **5** 9 **6** 10 **7** 23 **8** 19 **9** 16 **10** 18 **11** 9 **12** 13 **13** 11 **14** 15 **15** 20
  B **1** 14 **2** 11 **3** 6 **4** 3 **5** 7 **6** 8 **7** 5 **8** 5 **9** 7 **10** 23 **11** 13 **12** 3 **13** 33 **14** 23 **15** 25
  C **1** 20 **2** 21 **3** 12 **4** 32 **5** 27 **6** 60 **7** 10 **8** 16 **9** 18 **10** 6 **11** 36 **12** 35 **13** 24 **14** 24 **15** 18
  D **1** 8 **2** 7 **3** 3 **4** 9 **5** 4 **6** 9 **7** 6 **8** 3 **9** 7 **10** 10 **11** 3 **12** 6 **13** 5 **14** 5 **15** 4

❀ July ❀

	Monday 1	Tuesday 2	Wednesday 3	Thursday 4	Friday 5	Saturday 6
Sunday 7	Monday 8	Tuesday 9	Wednesday 10	Thursday 11	Friday 12	Saturday 13
Sunday 14	Monday 15	Tuesday 16	Wednesday 17	Thursday 18	Friday 19	Saturday 20
Sunday 21	Monday 22	Tuesday 23	Wednesday 24	Thursday 25	Friday 26	Saturday 27
Sunday 28	Monday 29	Tuesday 30	Wednesday 31			

This is a page from a calendar showing July in 2002.

a How many Sundays are there in July 2002?

b How many Mondays are there in July 2002?

c What is the date of the third Saturday in July 2002?

d What is the date of the second Thursday?

e What is the date two weeks after Monday 8th July?

f How many days is it from Saturday 6th July to Thursday 11th July?

g How many days is it from Tuesday 9th July to Thursday 25th July?

h What day of the week is 30th June 2002?

i What day of the week is 1st August 2002?

Quick Additions

1. 20 + 30 =
2. 40 + 20 =
3. 70 + 20 =
4. 40 + 40 =
5. 30 + 50 =
6. 60 + 30 =
7. 50 + 50 =
8. 50 + 40 =
9. 30 + 50 =
10. 25 + 5 =
11. 25 + 10 =
12. 25 + 15 =
13. 25 + 20 =
14. 25 + 25 =
15. 50 + 25 =

Quick Subtractions

1. 60 − 20 =
2. 80 − 30 =
3. 70 − 40 =
4. 50 − 20 =
5. 90 − 80 =
6. 60 − 30 =
7. 80 − 40 =
8. 40 − 20 =
9. 50 − 30 =
10. 60 − 10 =
11. 70 − 50 =
12. 30 − 15 =
13. 50 − 25 =
14. 70 − 35 =
15. 90 − 45 =

Mixed Maths

1. What is the total of 6, 7 and 8 ?
2. What is the difference between 13 and 8 ?
3. What number is added to 8 to make 17 ?
4. What is the sum of 16 and 4 ?
5. By how much is 8p more than 5p ?
6. What is 8 add 9 take away 5 ?
7. How much more than 12 is 18 ?
8. How much should I add to 13 to make 20 ?
9. What number is double 50 ?
10. What number is half of 50 ?

The scales are balanced because 6 + 3 and 5 + 4 are both equal to 9.

6 + 3 = 9   5 + 4 = 9

so ...

6 + 3 = 5 + 4

Both sides of the equals sign must be worth the same.

Fill in the missing numbers to make both sides of the equals sign balance:

a   8 + 1 = 7 +   b   + 3 = 3 + 2   c   5 +   = 4 + 3

d   1 + 4 = 3 +   e   + 6 = 4 + 3   f   1 +   = 4 + 2

g   3 +   = 4 + 4   h   3 +   = 2 + 2   i   2 + 4 =   + 5

j   5 + 5 =   + 1   k   4 + 2 = 3 +   l   6 + 4 = 8 +

m   4 +   = 7 + 3   n   + 8 = 1 + 7   o   8 + 2 = 5 +

p   10 + 0 = 6 +   q   2 + 8 =   + 4   r   9 +   = 3 + 7

Quick Additions

1. 9 + 6 + 5 =
2. 3 + 5 + 7 =
3. 8 + 4 + 8 =
4. 7 + 2 + 6 =
5. 6 + 4 + 9 =
6. 7 + 8 + 5 =
7. 5 + 7 + 8 =
8. 4 + 9 + 7 =
9. 8 + 3 + 6 =
10. 9 + 9 + 9 =
11. 5 + 5 + 5 =
12. 3 + 3 + 3 =
13. 6 + 6 + 6 =
14. 7 + 7 + 7 =
15. 8 + 8 + 8 =

Which number?

1. Which of these numbers is nearest to 70 ?   58 72 69 77
2. Which of these numbers is 10 more than 68 ?   69 58 68 78
3. Which of these numbers is 3 less than 52 ?   55 48 49 42
4. Which of these numbers is 5 more than 38 ?   43 42 33 41
5. Which of these numbers is an odd number ?   48 60 51 82
6. Which of these numbers is an even number ?   99 42 37 101
7. Which of these numbers is the sum of 5, 7 and 8 ?   17 22 19 20
8. Which of these numbers is nearest to 50 ?   52 47 53 46
9. Which of these numbers is half of 50 ?   20 30 35 25
10. Which of these numbers is double 15 ?   30 35 25 32

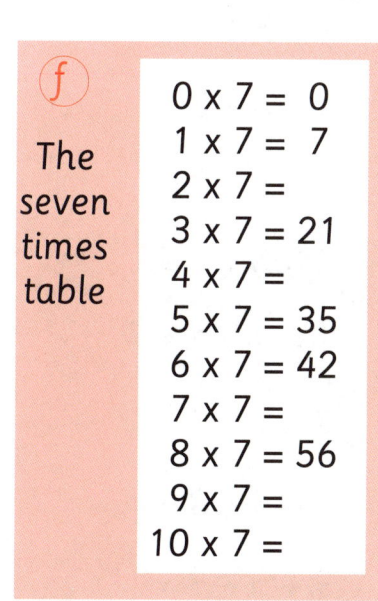

Multiplication tables

Fill in the missing answers:

a The two times table

0 x 2 = 0
1 x 2 = 2
2 x 2 =
3 x 2 = 6
4 x 2 =
5 x 2 = 10
6 x 2 = 12
7 x 2 =
8 x 2 =
9 x 2 = 18
10 x 2 =

b The three times table

0 x 3 = 0
1 x 3 =
2 x 3 = 6
3 x 3 =
4 x 3 = 12
5 x 3 =
6 x 3 =
7 x 3 = 21
8 x 3 =
9 x 3 = 27
10 x 3 = 30

c The four times table

0 x 4 =
1 x 4 =
2 x 4 = 8
3 x 4 =
4 x 4 = 16
5 x 4 =
6 x 4 = 24
7 x 4 =
8 x 4 = 32
9 x 4 =
10 x 4 = 40

d The five times table

0 x 5 = 0
1 x 5 =
2 x 5 = 10
3 x 5 =
4 x 5 =
5 x 5 = 25
6 x 5 =
7 x 5 = 35
8 x 5 =
9 x 5 =
10 x 5 = 50

e The six times table

0 x 6 =
1 x 6 =
2 x 6 = 12
3 x 6 =
4 x 6 = 24
5 x 6 =
6 x 6 = 36
7 x 6 = 42
8 x 6 =
9 x 6 = 54
10 x 6 =

f The seven times table

0 x 7 = 0
1 x 7 = 7
2 x 7 =
3 x 7 = 21
4 x 7 =
5 x 7 = 35
6 x 7 = 42
7 x 7 =
8 x 7 = 56
9 x 7 =
10 x 7 =

Quick Numbers

1. $8 + 4 - 5 =$
2. $9 + 6 - 7 =$
3. $7 + 7 - 4 =$
4. $6 + 0 - 3 =$
5. $3 + 8 - 6 =$
6. $9 + 9 - 8 =$
7. $6 + 8 - 5 =$
8. $4 + 9 - 7 =$
9. $5 + 6 - 2 =$
10. $8 + 8 - 9 =$
11. $6 + 6 - 4 =$
12. $1 + 9 - 3 =$
13. $7 + 7 - 5 =$
14. $9 + 9 - 3 =$
15. $9 + 9 - 7 =$

Number puzzles

1. Sam had 7 stamps. He bought 4 more, then used 6 to post some letters.
   How many stamps did Sam have in the end?

2. Jasdeep had 16 stickers. She bought another pack of 5 then gave away 8 which she didn't need. How many did she have left?

3. How much money have I got if I have 3 ten pence coins, 2 five pence coins, 1 two pence coin and 3 pennies?

4. Robert has four coins which are worth 28p altogether. What could the four coins be?

5. Mr Ash, the farmer, had 38 sheep. He bought 12 more at the market. How many sheep has he got now?
   If he sells three sheep, how many will he have left?

6. Jenny only had 34p so her uncle gave her 50p. She bought a drink for 24p. How much money did she have in the end?

7. If small chocolate bars are 30p each, how much will three of these bars cost?

8. If I buy the three chocolate bars, how much change will I have from £1?

Multiplication tables

Fill in the missing answers:

a The eight times table

0 x 8 =
1 x 8 = 8
2 x 8 =
3 x 8 = 24
4 x 8 =
5 x 8 =
6 x 8 = 48
7 x 8 = 56
8 x 8 =
9 x 8 = 72
10 x 8 =

b The nine times table

0 x 9 = 0
1 x 9 =
2 x 9 = 18
3 x 9 =
4 x 9 = 36
5 x 9 =
6 x 9 = 54
7 x 9 = 63
8 x 9 =
9 x 9 = 81
10 x 9 =

c The ten times table

0 x 10 = 0
1 x 10 = 10
2 x 10 =
3 x 10 = 30
4 x 10 =
5 x 10 =
6 x 10 = 60
7 x 10 =
8 x 10 = 80
9 x 10 =
10 x 10 = 100

d

x	4	3	5	2	10
5	20		25		50
7		21		14	
9	36			18	
6		18			60
4	16		20		40

e

x	2	5	4	10	3
3		15			9
8	16		32	80	
2	4	10			6
6		30	24		
9	18			90	

Quick Numbers

1. $\frac{1}{2}$ of 6 =
2. $\frac{1}{2}$ of 12 =
3. $\frac{1}{2}$ of 10 =
4. $\frac{1}{2}$ of 20 =
5. $\frac{1}{2}$ of 30 =
6. $\frac{1}{2}$ of 2 =
7. $\frac{1}{2}$ of 14 =
8. $\frac{1}{2}$ of 40 =
9. $\frac{1}{2}$ of 18 =
10. $\frac{1}{2}$ of 4 =
11. $\frac{1}{2}$ of 50 =
12. $\frac{1}{2}$ of 16 =
13. $\frac{1}{2}$ of 24 =
14. $\frac{1}{2}$ of 22 =
15. $\frac{1}{2}$ of 100 =

What time will it be?

1 What will the time be 2 hours after this?

2 What will the time be 4 hours after this?

3 What will the time be in 30 minutes?

4 What will the time be in an hour?

5 What will the time be in an hour and a half from this time?

6 What will the time be $2\frac{1}{2}$ hours after this?

Using multiplication tables

Fill in the missing answers:

a
0 x 2 =
1 x 2 =
2 x 2 =
3 x 2 =
4 x 2 =
5 x 2 =
6 x 2 =
7 x 2 =
8 x 2 =
9 x 2 =
10 x 2 =

You can use the two times table to find the answers to these division questions.

For example:

6 x 2 = 12   so   12 ÷ 2 = 6

b
16 ÷ 2 =
8 ÷ 2 =
12 ÷ 2 =
10 ÷ 2 =
6 ÷ 2 =
4 ÷ 2 =
20 ÷ 2 =
14 ÷ 2 =
2 ÷ 2 =
18 ÷ 2 =

c
0 x 3 =
1 x 3 =
2 x 3 =
3 x 3 =
4 x 3 =
5 x 3 =
6 x 3 =
7 x 3 =
8 x 3 =
9 x 3 =
10 x 3 =

d
9 ÷ 3 =
18 ÷ 3 =
27 ÷ 3 =
12 ÷ 3 =
6 ÷ 3 =
24 ÷ 3 =
15 ÷ 3 =
3 ÷ 3 =
21 ÷ 3 =
30 ÷ 3 =

e
0 x 4 =
1 x 4 =
2 x 4 =
3 x 4 =
4 x 4 =
5 x 4 =
6 x 4 =
7 x 4 =
8 x 4 =
9 x 4 =
10 x 4 =

f
40 ÷ 4 =
24 ÷ 4 =
4 ÷ 4 =
16 ÷ 4 =
28 ÷ 4 =
12 ÷ 4 =
32 ÷ 4 =
20 ÷ 4 =
8 ÷ 4 =
36 ÷ 4 =

Quick Numbers

1. 23 + 7 =
2. 42 + 8 =
3. 20 − 12 =
4. 36 + 4 =
5. 30 − 2 =
6. 69 + 1 =
7. 45 + 6 =
8. 90 − 1 =
9. 54 + 8 =
10. 20 − 7 =
11. 20 − 17 =
12. 30 − 3 =
13. 37 + 3 =
14. 47 + 3 =
15. 57 + 3 =

Alphabet numbers

a b c d e f g h i j k l m n o p q r s t u v w x y z

1. How many letters are there in the alphabet?
2. Which is the fifth letter of the alphabet?
3. Which is the sixteenth?
4. Which two letters are nearest to the middle of the alphabet?
5. How many letters come after r?
6. How many letters come before r?
7. What is the third letter after f?
8. The position of letter b is 2nd. What is the position of letter g?
9. What is the position of t?
10. What is the position of y?

Using multiplication tables

Fill in the missing answers:

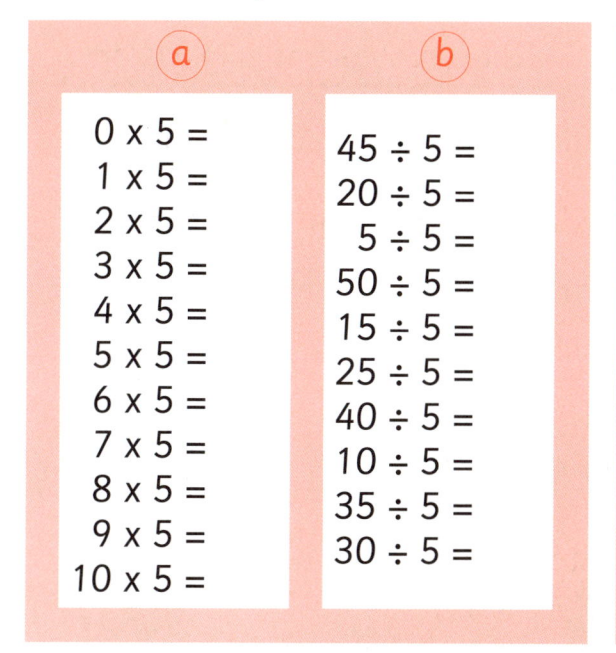

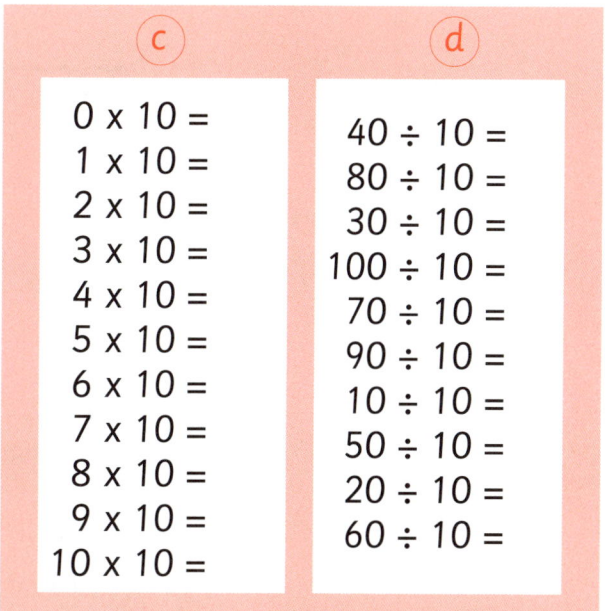

a

0 x 5 =
1 x 5 =
2 x 5 =
3 x 5 =
4 x 5 =
5 x 5 =
6 x 5 =
7 x 5 =
8 x 5 =
9 x 5 =
10 x 5 =

b

45 ÷ 5 =
20 ÷ 5 =
5 ÷ 5 =
50 ÷ 5 =
15 ÷ 5 =
25 ÷ 5 =
40 ÷ 5 =
10 ÷ 5 =
35 ÷ 5 =
30 ÷ 5 =

c

0 x 10 =
1 x 10 =
2 x 10 =
3 x 10 =
4 x 10 =
5 x 10 =
6 x 10 =
7 x 10 =
8 x 10 =
9 x 10 =
10 x 10 =

d

40 ÷ 10 =
80 ÷ 10 =
30 ÷ 10 =
100 ÷ 10 =
70 ÷ 10 =
90 ÷ 10 =
10 ÷ 10 =
50 ÷ 10 =
20 ÷ 10 =
60 ÷ 10 =

Look what happens when we multiply by 10:

2 x 10 = 20   6 x 10 = 60   9 x 10 = 90   25 x 10 = 250   38 x 10 = 380

Now try these:

e 5 x 10 =
f 8 x 10 =
g 47 x 10 =
h 86 x 10 =
i 20 x 10 =
j 63 x 10 =
k 99 x 10 =
l 50 x 10 =
m 100 x 10 =

Quick Additions

Find the missing numbers:

1. 11 + ☐ = 20
2. 17 + ☐ = 20
3. 14 + ☐ = 20
4. 19 + ☐ = 20
5. 12 + ☐ = 20
6. 16 + ☐ = 20
7. 13 + ☐ = 20
8. 15 + ☐ = 20
9. 18 + ☐ = 20
10. 10 + ☐ = 20
11. 5 + ☐ = 20
12. 2 + ☐ = 20
13. 8 + ☐ = 20
14. 7 + ☐ = 20
15. 4 + ☐ = 20

Measurements

— This line is one centimetre long.   1 cm

——————— This line is ten centimetres long.   10 cm

There are one hundred centimetres in one metre.

$100 \text{ cm} = 1 \text{ m}$ $50 \text{ cm} = \frac{1}{2} \text{ m}$

1. How many centimetres are there in 2 metres? ☐
2. How many centimetres are there in 4 metres? ☐
3. How many centimetres are there in $\frac{1}{2}$ metre? ☐
4. How many centimetres are there in $1\frac{1}{2}$ metres? ☐
5. How many centimetres are there in $3\frac{1}{2}$ metres? ☐
6. If I cut 40 cm off a piece of wood 1 m long, how long is the piece which is left? ☐
7. If I cut two 30 cm pieces off a ribbon which is 1 m long, how long is the piece which is left? ☐

Number lines

Fill in the missing numbers:

a   0   1   2   3   4   [5]   6   7   [8]   9   10   11   [12]   13   14

b   6   7   8   [9]   10   11   [12]   13   14   15   [16]   17   [18]   19   20

c   [37]   38   39   40   [41]   42   43   44   45   [46]   47   48   49   50   [51]

d   87   88   89   90   91   [92]   93   94   95   [96]   97   98   99   [100]   [101]

e   18   [17]   16   15   14   13   12   [11]   10   9   8   7   [6]   5   4

f   0   2   4   6   [8]   10   12   14   [16]   18   [20]   22   24   26   [28]

g   0 $\frac{1}{2}$ 1 $1\frac{1}{2}$ 2 $[2\frac{1}{2}]$ 3 $3\frac{1}{2}$ [4] $4\frac{1}{2}$ 5 $5\frac{1}{2}$ 6 $[6\frac{1}{2}]$ 7

Quick Multiplications

1. 3 × 5 =
2. 2 × 4 =
3. 6 × 2 =
4. 0 × 7 =
5. 5 × 5 =
6. 8 × 2 =
7. 4 × 3 =
8. 7 × 4 =
9. 9 × 5 =
10. 3 × 3 =
11. 3 × 4 =
12. 7 × 5 =
13. 6 × 4 =
14. 8 × 3 =
15. 6 × 5 =

Quick Divisions

1. 6 ÷ 2 =
2. 14 ÷ 2 =
3. 12 ÷ 3 =
4. 9 ÷ 3 =
5. 24 ÷ 4 =
6. 30 ÷ 5 =
7. 20 ÷ 2 =
8. 15 ÷ 5 =
9. 16 ÷ 4 =
10. 8 ÷ 2 =
11. 15 ÷ 3 =
12. 21 ÷ 3 =
13. 40 ÷ 4 =
14. 25 ÷ 5 =
15. 50 ÷ 2 =

Which coins?

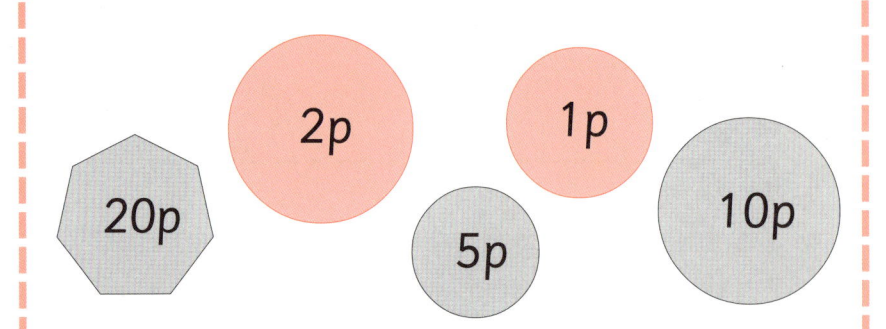

20p, 2p, 1p, 5p, 10p

Sam, Helen and Sally each have 25 pence.
Sam has only two coins.
Helen has 3 coins.   Sally has 4 coins.

a What coins has Sam got?

b What are Sally's coins?

c What coins does Helen have?

Holly, Tristan and Eliza each have 17 pence. Holly has 3 coins. Tristan has 4 coins. Eliza has 5 coins. What coins does each person have?

d Holly has

e Tristan has

f Eliza has

Numbers in order

Write each set of numbers in the correct order, starting with the smallest:

a 37   23   48   19   30   51   7

b 42   14   7   28   35   21   49

c 88   0   73   59   91   64   83

d 65   14   39   99   74   97   68

e 116   125   121   149   138   140

f 318   699   401   381   537   183

g 612   216   734   347   162   437

h 928   829   298   289   982   892

i 673   376   367   763   637   736

j $28\frac{1}{2}$ 11   62 $14\frac{1}{2}$ $38\frac{1}{2}$ 31

Beat the clock!

Complete each section as fast as you can.
The tables opposite will help you with sections C and D.

A	B	C	D
Try to do these questions in less than 2 minutes.	Try to do these questions in less than 3 minutes.	Try to do these questions in less than 3 minutes.	Try to do these questions in less than 4 minutes.
1 6 + 7 =	1 20 − 6 =	1 4 × 5 =	1 32 ÷ 4 =
2 9 + 4 =	2 20 − 9 =	2 7 × 3 =	2 21 ÷ 3 =
3 12 + 8 =	3 20 − 14 =	3 6 × 2 =	3 15 ÷ 5 =
4 8 + 9 =	4 18 − 15 =	4 8 × 4 =	4 36 ÷ 4 =
5 4 + 5 =	5 16 − 9 =	5 9 × 3 =	5 8 ÷ 2 =
6 7 + 3 =	6 15 − 7 =	6 10 × 6 =	6 27 ÷ 3 =
7 14 + 9 =	7 9 − 4 =	7 5 × 2 =	7 18 ÷ 3 =
8 12 + 7 =	8 8 − 3 =	8 8 × 2 =	8 12 ÷ 4 =
9 8 + 8 =	9 19 − 12 =	9 6 × 3 =	9 35 ÷ 5 =
10 13 + 5 =	10 30 − 7 =	10 2 × 3 =	10 40 ÷ 4 =
11 2 + 7 =	11 30 − 17 =	11 9 × 4 =	11 9 ÷ 3 =
12 4 + 9 =	12 30 − 27 =	12 7 × 5 =	12 24 ÷ 4 =
13 8 + 3 =	13 40 − 7 =	13 6 × 4 =	13 25 ÷ 5 =
14 6 + 9 =	14 40 − 17 =	14 8 × 3 =	14 20 ÷ 4 =
15 15 + 5 =	15 50 − 25 =	15 9 × 2 =	15 20 ÷ 5 =